@ F A L S C H M E L D U N G @

- U-Boote über Wohngebieten -

Texte: Hubert Achenbach
Bilder: Wolfgang Wende

Bibliografische Information der Deutschen Nationalbibliothek: Die Deutsche National-bibliothek verzeichnet diese Publikation in der Deutschen Nationalbibliografie; detaillierte bibliografische Daten sind im Internet über <u>dnb.dnb.de</u> abrufbar.

© 2022 Hubert Achenbach
Herstellung und Verlag:
BoD – Books on Demand, Norderstedt
ISBN: 9783756821174

Inhalt

DURCHLEUCHTUNGEN

BLICK INS BLAU

In niederungen lungern nebelseen herum
Aus einer alten sommerkleewiese an
Sonnseitigen hängen drohen noch ein paar
Lichtverbogene staudengräser die mit
Hartnäckigen samenkapseln den tod
Austricksen wollen

Einem frechen blau das sich von ein paar
Vogelflügeln tragen lässt und nur noch blauer
Wird je länger man hineinschaut

ENGELSTROMPETEN

Die sommernacht rollt den hang hinab an der
Scheunenwand hat ein letzter sonnenstrahl
Die dämmerung verschlafen

Auf dem balkon duften aufdringlich
Engelstrompeten um einem ausgelaugten tag
Den abend zu würzen und antworten einem
Überreizten sommer auf ihre weise

Sie vergeuden sich stolz mit übergroßen
Blüten blasen dem sommer den marsch den
Keiner hört am allerwenigsten irgendwelche
Engel ... es bleibt still und trocken

FLUSSSOMMER I

An mühsam heraus mäandrierten talhängen
Stehen wie stramme knaben orchideen-
Kräuter und verbrennen mit purpurnen
Blütenflammen feierlich einen sommer nach
Dem anderen und das auch schon Gott weiß
Wie lange ... aber
Wen interessiert das heute noch

Aus dem dürftigen schatten abgestorbener
Bäume äugen zwei neugierige pferde und der
Rötliche strich eines fuchses zieht samt seiner
Leblosen beute über das kräuterduftige
Mahdgut der wiese ... nichts was nach tod
Riecht ... -

Den fischen unten im fluss möchte man am
Liebsten zurufen: bloß nicht anbeißen

INSULANER

Ein verträumter see in seinem wasserbett
Kleine libellen rasten auf umhertreibenden
Schwimmfarninseln

Die erde im endlosen meer der leere in
Einem zeitgewebten netz unsichtbarer
Schwerkraft das wie ein wind die richtung
Vor gibt

Libelle und mensch wassergebunden
Treibende insulaner auf zeit räuberisch
Und rastlos in schillernder einmaligkeit

KIRSCHBÄUME

Die kirschbäume haben ihre unschuld
Verloren der wind bläst ihre brautschleier
Wie braune asche von den kronen

Bald schießt sommerblut in die zweige
Bis fruchtkugeln knallige tupfer in die
Stehende luft malen als hätten sie sich
Das rot von *Monet* ausgeliehen

Ihre kerne dessen inners nicht zu
Unterschätzen ist sind die schrotkugeln
Die den tod mit dem sich keiner gerne anlegt
Durchlöchern sollen

ABENDS AM SEE

Die sonne schleicht sich hinter den horizont
Ohne ihre roten spuren zu verwischen der
Abend sitzt müde am anderen ufer
Er ist gerade erst aufgestanden

Ich lasse meine füße in den himmel baumeln
Diesen unergründlich tiefen see in dem die
Zunehmende mondschale schwimmt und ein
Bambuszweig sich über dem wasserspiegel
Verbeugt

In der leere dazwischen eine wildentenschar
Wie eine kalligraphie altchinesischer meister
Ein sekundenbild das irgendwo haften bleibt

Am anderen ufer wird der abend immer
Munterer und legt sich mit der dunkelheit an
Ein ganzes sternenheer eilt ihm zu hilfe

Mit beiden beinen wieder auf dem boden der
Tatsachen stehe ich auf mach es wie die sonne
Und verdrücke mich bevor das ganze noch
Eskaliert

THEATER

Nachts sehen friedlich flimmernde sterne
Einem treiben zu wie aus einer dunklen
Garderobe in der man träume und
Hoffnungen vorübergehend abhängen kann
Bevor man ins absurde theater geht

Wo menschen sich gegenseitg unter
Frenetischem applaus den tod zu werfen
Andere dionysisch feiern wieder andere
Vergeblich waten auf ...

RÜCKKEHR

Die meere ziehen wieder über land den
Wegweisern steht das wasser bis zum hals
Keiner weiß mehr wohin

Die steinaxt taut bereits aus dem ewigen eis
Und mammutklone träumen von ihren
Friedlichen sibirischen grasweiden

Die rückkehr zu den alten feuern ist
Kein traum mehr ... die säbelzahntiger der
Plastikzeit könnten - die atomare resettaste
Im kopf - alles auf null stellen ...

Die steine würden's überleben
Und sich an die alten feuer erinnern

KEIN ERLÖSER

Die kälte der menschheit bringt eisberge
Zum schmelzen

Daran hätte auch ein erlöser der sich vor
Zweitausend jahren bereits aus dem staub
Gemacht hatte und wusste warum
Nichts ändern können ...

Auch kein erlöser im bodenlosen himmel
Nur ein paar flugunfähige schwalben und
Rätselhafte spuren die das vordergründige
Blau aufmischen zwischen hölle und paradies

DURCHLEUCHTUNGEN

Das zeitalter überschwänglicher energie
Rädert bis auf die knochen

Heidelbeerwälder und steinpilzduftige böden
Auf der flucht
Ein wind der sich den kopf einrennt wenn er
Über geplagte kuppen hechelt ...

Die zunehmenden durchleuchtungen
Vertreiben letzte geheimnisse aber den
Energiemachern geht immer noch
Kein licht auf

SEILTANZ

Ein dünnes seil aus versprechung und
Hoffnung über die kontaminierten pflaster
Der welt gespannt

Freischwebendes gehen beflügelt von einer
Herbstbunt gemalten pastellwelt während das
Seil unter den füßen nachgibt

Weil berechnungen fehlerhaft sind und
Die schwerkraft keinen leichtsinn erträgt

SCHLAFENDE ZEIT

Seit dem urknall schläft zwischen den sternen
Die zeit ihren rausch aus
Wenn sie erwacht gehen die sonnen schlafen
Und wer weiß was dann alles passiert

Zum schweigen verdonnerte uhrzeiger gehen
Zähneknirschend im kreis um sie ja nicht
Zu wecken

Die lebenden tragen ihre wirren träume bis
An den rand des erwachens wo vermutlich
Die toten lauern ...

Aber vielleicht setzen sich zukunft und
Vergangenheit die sich immer aus dem weg
Gehen endlich mal an einen tisch

Die gegenwart aber schlägt der zeit ein
Schnippchen sie ist die einzige die all das
Schadlos übersteht

GÄNSEBLÜMCHEN

Gänseblümchen veräppeln die sonne
Verwandeln ein stück garten in einen grünen
Sternenhimmel der nur tagsüber leuchtet

Eine sonne der ohnehin alles egal zu sein
Scheint auch ungereimtheiten wie häuser
Ohne fenster oder eine tür ohne haus vor
Einer frisch gemähten gänseblumenwiese …

Die wahrheit kauert vermutlich irgendwo
Zwischen den blumen und wartet bis man sie
Findet oder sie von einer schar schnäbelnder
Schnatterenten zerpflückt wird

LEBEN

Ein blütenmeer mit all seinen hinterhältigen
Pheromondüften
Ein stiller sonnenuntergang im verkehrsstau
Erinnerungen an eine alte liebe zum beispiel
Oder ein paar schneeflocken kurz vor dem
Tauwetter können

Gefühlswellen in der hintersten herzkammer
Auslösen weil da ein leben rumort das nicht
Aufhört auch den zähen granit zu zermürben

Was aber spürt ein stein wenn ein blitz
Ihn durchbohrt?

S T A U B

Ohne den pharaonen auf die balsamierten
Füße treten zu wollen aber
Der staub hat es satt jahrtausende lang auf
Ausgetrockneten mumien liegen zu müssen
Und zu warten bis einer sie entdeckt damit
Er endlich wieder in der sonne tanzen kann

Dann aber irren die sonnenstrahlen hektisch
Von korn zu korn damit er sich ja wieder legt
Um nicht den ganzen schlamassel einer
Gegenwart die unter dem viertausend jahre
Alten leichentuch der stille ihr unwesen trieb
Ans tageslicht kommen zu lassen

Verschwiegener staub unvergänglicher
Schlafatem der alten steine
Diesen archiven der menschheitsträume

AUSZEIT

Schneeflocken durchschlagen morsches eis
Packeis macht seinem namen alle ehre
Und packt seine koffer

An den wärmeren stränden nehmen die
Meere bereits ein sonnenbad

Sie haben sich auch mal eine auszeit verdient
Nach der großen plastikflut die über sie
Hergefallen ist ...

Und was ist mit meiner trauminsel geht
Meinem inseltraum jetzt auch die zeit aus
Wie den schneeflocken die kälte?

LICHTSPIELE

Kakteen brechen unter der last ihrer
Blüten zusammen
Bäume verbrennen ihr herbstlaub
Damit ihnen nicht das gleiche widerfährt

Licht fällt vor blühenden farben auf die knie
Weil es sich keiner schuld bewusst ist
Es kann nichts dafür dass es von kakteen oder
Sonstigen hinterhältigen pflanzen missbraucht
Wird um gewisse sehorgane in eine falle
Zu locken -

Oder ist es ein abgekartetes spiel damit
Niemand die ungeheure schwärze des
Raumes sieht in dem wir uns selbst

Beleuchten mit einem licht das in kohle-
Betten schläft und ansonsten
Planlos umher zu irren scheint

PARADIESVÖGEL

Das grüne echo des paradieses hat längst die
Bibelseiten verlassen und versucht noch
Immer den wind zu fangen der es davon trägt

Paradiesvögel aber schlagen im blätter-
Wirrwarr der alten bäume unüberhörbare
Lautpfähle in den raum zwischen den
Dämmerungen

Pferchen ihren kleinen luftgarten eden ein
Für die künftige braut ...
Viel mehr war auch nicht zu erwarten

Aber vielleicht hat ja einer den schlüssel zum
Paradies unter die haustürmatte gelegt und
Wir treten ihn jeden tag mit füßen

ELSTER

Den singvögeln bleibt die melodie in der
Kehle stecken wenn sie eine elster hören sie
Verstehen diese art sprache und flüchten zu
Ihren schutzlosen gelegen

Die feige elsterflucht beim näherkommen ist
Wohl einen silberlöffel wert ihr gezeter nur
Eine schlecht inszenierte ablenkung und der
Aufdringlich weiße unschuldsfleck auf dem
Blauschwarz gefiederten balg eine
Rechtfertigung die selbst im schatten leuchtet

Sie hat einiges von uns gelernt die
Streitsüchtige aber zum glück noch nicht alles

IM EILZUG

Machen wir uns nichts vor
Jedes glück klaubt irgendwann einmal seine
Ausgebleichten knochen zusammen und legt
Sie fein säuberlich in eine schublade zu den
Andern glücken wie in eine kultstätte

Denn die zeit ist eine verrückte glasmurmel
Die durch unsere gefäße rast wie der eilzug
Damals zu unserem ersten treffen und wir
Wähnen uns immer erst auf halber strecke
Hoffend dass die fahrt sich verlangsamt

Und kommt mir ja nicht auf die schnappsidee
Mit der notbremse zu spielen denn auch das
Licht am ende des tunnels könnte sich als
Eines der vielen irrlichter erweisen ... warten
Wir's einfach ab und lassen die schubladen
Am besten zu

IM ZEITMEER
zu einem bild von Quint Buchholz

Das meer hat sich ausgestreckt
Gibt sich der stille hin
Der wind nimmt seine auszeit

Wie eine parkbank ein ruhendes boot
Auf endlosblauem rasen mit einem mann
Der vor den schmalen lippen des horizonts
In einem buch liest als suchte er nach
Einer anschrift

Kein wort das die stille tötet oder
Das meer erschreckt fällt

Mit einem leisen geräusch schnäbelt ein
Großer vogel aus dem zeitmeer ein paar
Sekunden und verschwindet wie das
Ticken einer stehen gebliebenen uhr

MÄRCHGENHAFT

Baumriesen rufen gräser zu hilfe um
Die feuer zu löschen
Glockenblumen läuten alarm und den
Wildbächen brennen die kiesel im bett

Die alten zwerge reißen sich vor verzweiflung
Die weißen bärte aus um die flammen zu
Erschrecken ... fast wie in den märchen die
Jetzt schnell noch ihre kinderbücher anzünden
Um ihre blutbefleckten hände zu trocknen
Und weil sie bereits wissen wie's ausgeht

UNERTRÄGLICHES GLÜCK

Was sind das bloß für zustände wenn frauen
Von ihren frisch entsorgten freunden hemden
Und unterwäsche mitgehen lassen für den
Neuen der kein geld für seine leiblichen
Kinder hat

Die liebe in einem kühlschrank verhungert
Der wie ein geplündertes bankkonto
Vergebens auf eine einlage wartet wie der
Gebeutelte auf die nächste frau mit der alles
Besser werden soll …

Der kühlschrank voll das konto quillt über
Gebügelte hemden platzen aus allen nähten
Die unterwäsche wird täglich gewechselt …

Das glück wird unerträglich und kommt
Ins schwitzen

AUCH DAS NOCH

VERGIFTET

Den rucksack des schweigens gefüllt
Mit stille sonnenlicht und einer hand
Voll wiesengrün diesen tönungen der
Frühen schöpfung

Die leichter zu tragen sind als wind
An tagen voller hahnengeschrei ...

Aber wie lange muss man wandern um
Dem vergifteten atem der streithähne
Zu entkommen?

GEDANKENFLUCHT

Gedanken springen über die brüchige
Mauer der gegenwart hinter der das
Undurchsichtige licht versickert und

Irren durch das gerinnsel verflossener
Jahrzehnte um aus zu ruhen im
Unaussprechlichen ...

Man munkelt von gedankenflucht

AM BAHNHOF

Es ist nicht die schuld der kalten bahnhöfe
Wenn reisende wie streunende katzen die

Noch schnell die letzten winkel der welt
Ausspionieren wollen als gäbe es noch
Irgendwas zu entdecken mit rucksäcken
Wild um sich schlagen ...

Auf dem totem geleis wimmelt es von
Leeren zügen die geduldig auf ihre
Passagiere und den unwiderruflichen
Abpfiff warten den keiner hören will

GUTE NACHT

Städte versinken in einer neonflut
Vor der selbst die meere den hut ziehen

Sterne ziehen beleidigt die vorhänge zu
Die nacht wird um ihren schlaf gebracht

Was hat der mond für ein glück
Er kann sich zum schlafen
Auf seine dunkle seite zurück ziehen

ABENDFRIEDEN

Ein abend der auch nicht so recht weis wohin
Zwischen dunkel und licht hängt und von

Frieden und stille faselt …
Kurz vor den weltnachrichten

Dabei haben wir noch nicht die nacht
Beleuchtet der es mittlerweile auch
An den kragen geht

Bevor auch noch das lästige morgenlicht sich
Gewaltsam durch die ritzen der jalousien
Zwängt samt den vogelstimmen

Die auf den strahlen reiten und ihren tag
Vor dem abendfrieden loben

MARSCHBEFEHL

Weiß der teufel wann das leben
Füße bekommen hat ...

Jedenfalls gab es sich selbst den marschbefehl
Und läuft seitdem von pontius zu pilatus

Und das nicht gerade rücksichtsvoll
Um den urheber ausfindig zu machen

Doch seit ein fragwürdiger zweifüßler die
Vögel kopiert hat ist alles noch schlimmer

DABEI SEIN

Man weiß nicht einmal genau wann
Der ganze schlamassel angefangen hat
Nur soviel: wir warn nicht dabei -

Noch viel weniger wann alles enden wird
Vermutlich werden wir auch da
Nicht mehr dabei sein aber

Lieber ein ende ohne schrecken als die
Endlosen schrecken die wir uns tagtäglich
Selber einjagen

Bis ans ende ertragen zu müssen nur:
Dabei sein ist alles

ALLES GESAGT

Wir reisen mit unseren schatten
Die sich nicht abschütteln lassen
Trugbildern hinterher und hoffen
Auf ein zwiegespräch

Während das meer sich weiter
An seinen wellen berauscht doch

Man kann nichts weiter tun als dem
Entscheider von hell und dunkel eine
Falle zu stellen und hoffen dass er
Hinein tappt –
Ansonsten ist alles gesagt

ENGEL

Blinde tage erzählen
Tauben nächten von den
Flügelschlägen der engel

Vielleicht sind sie es ja
Die den ganzen kosmischen
Staub aufwirbeln

An dem alles
Fest gezurrt sein soll

WEGE

Entlang stiller wege
Brüllt eine bunte vielfalt dich an die
Das gehen so leicht macht

Ohne zu wissen woher
Oder wohin noch wann
Und wo all das enden wird

Doch die wege tuscheln bereits
Unter sich ob es nicht besser wäre
Ein paar hinweisschilder aufzustellen –

Der ehrlichkeit halber

MITTAGSSTILLE

Eines mittags als ein weißes
Sommerlied viel leiser als wind
Aus bütenkarussellen trudelte

Wurden die schwarzen noten
Von schlafenden insekten gefressen
Denen der ganze lärm gehörig
Auf die ganglienzellen ging

Seitdem herrscht mittagsstille

JAHRESZEITEN

Geräuschlos verbrennt der sommer
Diesen traumdunklen zunder
Des frühlings

Und erst der herbst
Der um keinen deut besser ist

Der verstockte winter lässt erst mal alles
Ruhn auf vereisten wegen die bloß
In die einsamkeit schlittern

Ihm ist schon ganz mulmig vor dem
Ungestümen übermut des frühlings
Und dem ganzen grünen tamtam

HOCHNEBEL

Die hartnäckigen hochnebel verraten nicht
Den bussardschrei unter ihnen auch wenn
Eine gewalttätige sonne ihre rücken foltert

Der bussard aber schwebt frei in der grauzone
Zwischen dem chaos unter und über ihm

Sein schrei eilt voraus entlang der nebelwand
Die seinen schatten frisst in der asternstille
Herbstzerfledderter gärten

FELDLERCHE

Dieser hinterhältige vogel der sich mit
Seinem geträller hinter das blau verdrückt
Damit keiner gewahr wird wer diese alten
Erinneungen aus dem sack dudelt ...

Als das junge ackergrün uns noch
Ansprang wie ein brünftiger feldhase
Gerade jetzt wo der herbst beginnt
Sich in die knochen zu fressen

REGENBOGEN

Unter aufwendung aller verfügbaren
Farben bäumt sich das gewölbe aus wasser
Und licht bis in den siebten himmel auf

Am abend wenn die sonne ihr feuer
Eintütet sackt der regenbogen vor lauter
Enttäuschung in sich zusammen

GLÜCK

Was muss das glück für ein glück haben
Es darf immer glücklich sein … doch
Kein mensch könnte das aushalten

Wo es schon ein glück ist überhaupt am
Leben zu sein …
Es hätte auch schlimmer kommen können

WOHIN

Auch die meere sind mit ihrer geduld
Am ende dieses andauernde gerede von
Wegen wiege der menschheit ...

Sie wollen nicht länger verantwortlich sein
Für das gemetzel das die evolution
Angerichtet hat wo
Keiner weiß wohin das alles noch führt

ZWIEGESPRÄCH

Den ganzen morgen höre ich dem
Gleichförmigen geflüster der wellen zu

Den ganzen morgen hören die wellen
Meinem schweigen zu und

Keiner der dem anderen widerspricht
Keiner der uns dazwischen quatscht

Ein zwiegespräch ohne worte in
Unterschiedlichen sprachen

Ich kenne ihre nicht aber vermute
Sie wissen längst wer ich bin

IM SCHATTEN DER
REGENBÖGEN

Die zeit stiehlt sich stillschweigend davon
Ohne auch nur einmal sich um zu drehen
Ihr ist es egal ob wir ihr nachtrauern oder
Angst vor ihr haben

Wenn am abend die regenbögen ihre farben
Sortieren um sie wasserdicht zu verpacken
Bevor sie verschwinden und schatten die
Gelegenheit nutzen sich endlich wieder
Auszubreiten die

Aus der dunkelheit von jenseits der kindheit
Kommen um sich erneut auf die lauer zu
Legen und zu warten bis uns das licht ausgeht

Regenbögen und zeit sind nicht fest zu nageln
Sie haben kein gedächtnis das den anker
Hinter sich wirft und schatten kein licht an
Dem wir so hängen wie ein tropfen
An der wolke

VERTRAUEN

Es wird zeit das leben wieder aus der
Hintersten herzkammer hervor zu holen
Wohin es sich zurück gezogen hat

Auch die liebe wieder aus den zwängen
Der erotikunterwäsche zu befreien und

Ihrem unberechenbaren spiel dessen
Regeln wir unterworfen sind
Liebesblind zu vertrauen

VERQUANTELUNGEN

DUNKLE ENERGIE

Neuesten gerüchten zufolge soll dunkle
Energie was auch immer das sein soll
Das universum auseinander treiben

Bei den menschen ist es hass der sie
Auseinander treibt wie der wolf eine
Schafherde und

Die liebe versucht mit roten rosenblättern
Zusammen zu kitten und steht allein auf
Verlorenem posten

Die wolken die noch nie etwas von dieser
Energie gehört haben wollen verdunkeln
Weiterhin die sonne

Woraus aber der Hass besteht versuchen bis
Heute nicht nur die erzengel zu klären

Auf jeden fall aus etwas dunklem das
Sich selbst nicht leiden kann und nicht im
Inneren schlafender steine zu suchen ist

EULENNÄCHTE

Abends zur besten einschaltzeit der tv-geräte
Gleiten mit lautlosen schwingen zwei
Scharfäugige schatten ums haus

Aus dem buchengeäst wie ein hungriger
Pulsar das rhythmische fiepen der eulenbrut

Das schwarze gewölbe der sommernacht
Füttert unsere gierigen augen mit sternenlicht
Das so sanft ist weil es von so weit kommt
Dabei entspringt es brodelnden höllen und
Ahnt nicht

Dass an manchen tagen auch hier unten die
Hölle los ist und warum die eulen die nacht
So lieben

REISEN

Als kinder zügen mit dampflokomotiven
Und flugzeugen am himmel ungläubig
Nachgewunken als wären's monster ...

Heute sitzen wir selbst in ihnen verschlafen
Die reisezeit als gingen nur unsere träume
Auf tour und überholen unseren schatten mit
Hochgeschwindigkeitszügen und düsenjets

Doch der ist anhänglich weiß immer wo wir
Sind und wartet bereits an der gepäckausgabe
Vielleicht reist er bereits lichtgeschwindigkeit

EREIGNISSE

Was wäre das für eine welt in der
Der donner den blitz überholte
Bevor dieser im gestein untertaucht

In der das echo der angst in den bäumen
Das gierige kreischen von kettensägen
Übertönte

In der ein blinder die gesichter der lügner
Durchschaute und die liebe all ihre
Geheimnisse der boulevardpresse
Auslieferte ...

Jedenfalls nicht unsere denn wir sähen das
Ursprüngliche sich ereignen von ereignissen
Aus erster hand und

Vielleicht zum ersten mal uns selbst ... nichts
Was in büchern und zeitungen steht

ERWACHEN

Pünktlich beginnt jeder morgen mit hellen
Tönen aus dem gelben geschnäbel schwarzer
Beos am fuß der schutthalden einer traum-
Nacht wenn du aus deinem lichtlosen
Inneren kommst

Zeigerlose uhren auf die immer verlass ist
Und dem wirren universum der menschen-
Tage freudig entgegen schlagen ohne den
Tag aufs korn zu nehmen

Erwachen zwischen brüsten und vögeln
So stellt man sich das leben vor ... und macht
Womöglich noch den fleischlosen tod neidig

ZUFÄLLE

Eine kreissäge zerteilt den morgen in zwei
Ungleiche hälften ohne dass er verblutet
Während ein rudel hunde die stille zerfleischt
Ohne dass sie auch nur einen einzigen laut
Von sich gibt

Auf einem einsamen waldweg stürzt ein
Sommermüdes ahornblatt vorzeitig vom
Baum und durchbohrt das herz eines
Wanderers gerade als er einen gedichtband
Von *Saalberg* aufschlagen wollte …

Zufälle die kein tag sich freiwillig aussucht
Die aber sich ihre tage suchen
Man sollte ihnen besser aus dem weg gehen

Es soll aber auch glückliche zufälle geben
Dieser graue regentag an dem dir ein
Leinensack voller sonnenlicht vor die füße
Fällt in dem sich die liebe deines lebens
Versteckt und

Voller ungeduld wartet dass du die
Klopfzeichen ihres herzens hörst und ihn
Endlich auf machst …

ZWISCHENRÄUME

Staublose räume im raum die alles
Zusammenkitten das undenkbare zwischen
Zwei gedanken pflanzen und selbst den
Steinen inneren halt geben sie würden
Verwahrlosen

Töne auf abstand halten damit musik hörbar
Wird und die zeilen eines gedichts damit das
Ungesagte seinen raum findet ein zwischen-
Raum in dem auch die schüchterne wahrheit
Hausen soll

Stimmgabeln einer ewigkeit in der der tod
Angeblich bis heute noch seinen raum suchen
Soll vorerst aber wildert er noch in dem
Zwischenraum leben

Dabei haben wir noch nicht über träume
Gesprochen oder die unausschöpfliche
Liebe die neue räume aufreißt zwischen
Rinde und blüte und

Zwischen liebenden die ein ganz besonderer
Raum umschleiert

FALLEN

Diese hinterlistigen wellen rauben dir
Den sand unter den füßen
Eine fallgrube wie auch diese grünen

Lichter der fischerboote in der seenacht
Für die gutgläubigen calamare –
Eine welt voller fallen in die wir tappen

Selbst den wandernden steinen ist nicht mehr
Zu trauen seit auch die schmetterlinge
Mit ihnen nach uns werfen

Wir sollten uns mit einem schild aus
Ausgedienten sonnenstrahlen die auf jedem
Schrottplatz haufenweise zu finden sind vor
Ihnen schützen

ZUSTÄNDE

Ein leerer stuhl gelehnt an eine graue
Wand aus nebel
Ein wind der den wellen schaumkronen
Aufsetzt

Ein meereshorizont der sich gelangweilt
Mit einem leeren boot unterhält
Geburtsschrei und verstummung …

Oder ähnliche zustände die an nichts erinnern
Unaufhaltsam sich die klinke in die hand
Geben sich nur gegenseitig ablösen

Am ende gar noch mit händeschütteln

JENSEITS

Das jenseits auch nur ein weiterer erdachter
Raum ein schwarzer traum der ohne uns nicht
Auskommt inmitten eines diesseits das auch
Nicht so recht weiß wohin

Vielleicht in den hinterlistigen gräbern die
Bloß auf neues futter warten treibt sich's rum
Teuflisch seine engelsgeduld mit der es uns
Hinters unsichtbare licht führen will

Nehmt euch ein beispiel an dem
Unverwüstlichen gras das alleine der erde
Ein grünes fell über die ohren ziehen kann
Ohne einen einzigen gedanken an ein jenseits
Zu verschwenden

GERÄUSCHLOS

Geräuschlos wie ein traum quillt
Wieder ein junger tag aus dem
Hochhackigen bambusgehölz

Eine schlange auf beutefang die uns
Verschlingen möchte mit haut und haar

Aber es ist unser tag den wir gnadenlos
Verteidigen mit unseren träumen auch
Den längst begrabenen

WOFÜR

Tage verglühen gute wie schlechte
Hühnerfüßiges scharren in der asche bloß
Um die paar guten noch einmal heraus zu
Picken in der zweifelhaften annahme
Dass keine besseren mehr zu befürchten sind

Weil auch das launische licht sich selbst
Nicht mehr sicher ist in seiner unberechenbar
Verquantelten photonenwelt während

Ein faustgroßer muskel selbstgenügsam
Eine kosmische millisekunde lang auf-
Gewärmtes blut durch die kälte pumpt
Und nicht einmal weiß wofür dieser ganze
Aufwand

Aber irgendwie spüren muss diese
Einzigartige gelegenheit die es zu nutzen gilt
Auf leben komm raus

65

REBELLION

Wolkenherden rebellieren am himmel
Fressen sich durch das unschuldige blau weil
Sie das licht satt haben das auch schon seine
Koffer packt und in die nacht verschwindet

In der verirrte hühner ihre eier auf
Blechdächern ablegen und hunde die stille
Verbellen als wollten sie den mond verjagen

Der tag auch nur ein gefangener der sonne
Frisst alles in sich hinein kein wunder
Wenn es nachts in seinen dunklen windungen
Mitunter rebellisch zugeht

BEGRÄBNIS

Wer weiß
Vielleicht stoßen sich die toten in den särgen
Aus verzweiflung die kahlen schädel blutig
Wenn sie sehen wie wir um sie trauern und
Gleichzeitig einem Gott ausliefern

Den sie zu lebzeiten wie den möhren an der
Stange vorm eselsmaul nachgelaufen sind
Ohne ihn jemals erreicht zu haben und ihn
Auch jetzt noch vergebens suchen

Über dem friedhof treiben ein paar cirrus-
Wolken wie verirrte seelen hin und her und
Ein großer unbekümmerter vogel von kaum
Einem bemerkt schwebt gemächlich über
Andächtig gemurmelten gebetsversen

Für einen moment hebt er die totenstarre die
Das gelände im griff zu haben glaubte auf ...
Oder war's vielleicht ein heimlicher späher -
Wer weiß

DEN WEG ZU ENDE GEHEN

Die mysteriöse zeit
Unser einziger strohhalm läuft
Zwischen den sternen sich tot

Beklommen zählen wir jahre und alles
Rast auf den sicheren untergang zu

Das jenseits die letzte hoffnung sitzt
In den uhrwerken und spielt mit
Den zeigern russisch roulette

Sein dilemma: die ganze schönheit der
Gärten die ihre blühenden mittelfinger
Von einem staubkorn aus ins all strecken

Den weg zu ende gehen ohne die hämischen
Grabsteine die wie werbetafeln für das
Jenseits spalier stehen zu beachten und

Die gärten pflegen und lieben wie den
Eigenen leib … das ärgert sie wohl
Am meisten

FEINE SIGNALE

Es gibt keine garantien
Dieser ganze schwindel der sonne
Das versteckspiel hinter ihren abend- und
Morgenröten eine halt geben wollende erde
Die selber taumelt

Und bäume diese vorübergehenden
Verhärtungen des wassers dem größten
Gaukler von allen die vertuschung mit
Beruhigendem grün

Und ausgerechnet der mensch ein
Zertifikat Gottes?
Eine luftwurzel die ihren himmel verachtet
Und eine ausgelaugte erde am liebsten
Verlassen möchte soll all dies bezeugen?

Was aber ist mit den unleugbaren
Kopfschmerzen und dem herzrasen einer
Liebe die ihr undurchschaubares spiel mit
Uns treibt ... ?
Nur feine garantielose signale?

BRÜCKE

Nur langsam wächst diese brücke über
Die tiefe schlucht des lebens aber
Betreten möchte sie keiner so schnell

So lange nicht sicher ist ob es dort drüben
Auch schmetterlinge gibt und wer den
Verkehr regelt ob die jahre dort auch so
Schnell dahin schmelzen wie hierzulande

Der schnee ob die engel auch schöne brüste
Haben und ob zum empfang wenigstens
Auch diese süßliche milch wartet
Und wer alles dafür verantwortlich ist …

Sonst werden alle brücken mittels antibiotika-
Bomben und cortison-handgranten gesprengt
Ganz zu schweigen von den neuen RNS-
Scheren die den tod herausschneiden sollen

Unter der brücke aber fließt endlos diese
Beide ufer verbindende seele des flusses
Die alleinige stille entscheiderin

ZEICHENWELT

Ich könnte von vogelstimmen erzählen die
Vorm sonnensinken die dunkelheit wecken

Von flügelschlägen der nachtfalter die
Die stille in die flucht schlagen von

Unbeschriebenen blättern überlasteter tage
Die mit tausen fanfaren einzug halten

Von kindern die mit kreischenden handys
Winken weil sie selbst keine stimmen mehr
Haben

Von sprachlosen gedichten die eine wortlose
Zeichenwelt verlassen auf die sich keiner
Mehr einen reim machen kann

Von verdutzten grabsteinen denen ihr
Unmissverständliches 'Ruhe sanft' ins reich
Surrealistischer dichtungen abgeschoben wird

Die selbst auf ein echo aus der wortwelt
Wartet ... - aber
Wer würde mir glauben?

DIEBSTAHL

Jetzt bezichtigt man schon den mond
Der selbst im dunkel tappt
Die sonne entwendet zu haben

Einige glauben sogar sie sei einfach
Untergegangen im meer und ertrunken
In ihrem aufdringlichen rot
Sie kennen sie ja auch nur vom sehen her

Die sonnenblumen suchen sie in den
Gehecken und den zeigern der sonnen-
Uhren laufen die schatten davon

Für hinweise die zur ergreifung der diebe
Führt wurde eine belohnung ausgesetzt -

Was aber ist uns nur eine von milliarden
Sonnen noch wert wo die sterneninflation
Gerade erst begonnen hat

NICHTS NEUES

Man spürt es kaum aber auch der erde
Geht langsam aber sicher das innere feuer
Aus samt dem jugendlichen schwung ihrer
Egozentrischen rotatation

Auch der kalte mond wird über kurz oder
Lang den verlockenden weiten des alls
Erliegen sich eine neue partnerin suchen

Eine menopausierende sonne wird sich
Noch einmal unverschämt aufblasen
Wie ein liebestoller frosch bis sie wie
Ein häufchen asche in sich zusammensackt

Und die erde wird noch einmal vor wut
Kochen ... behaupten die wissenschaftler
Schöne aussichten aber das ist ja
Alles nichts neues

WERBESPOT

Dieser endlose strom aus überschüssigem
Und -flüssigem
Der täglich aus den warenhäusern fließt

Am ufer sitzen die wahren erben der natur ein
Paar schräge vögel und halten das alles für
Ein großes missverständnis die stümperhafte
Nachäffung und all den ersatz ...

In einem bambusgebüsch sitzt der wind
Und pfeift leise vor sich hin
Die griffelspitzigen fiederblätter ritzen das
Wörtchen *leben* in die abendluft

Ein kurzer werbespot nur ohne leuchtdioden
Unauffällig aber von trotziger nachhaltigkeit

ABENDS

Die stummen kreuzflüge der libellen das
Reinigen der luft von dem was den vögeln
Zu klein den resten zwischen den zähnen
Des tages bevor er den mund schließt damit
Die dunkelheit nicht entkommen kann

MORGENS

Leichte nebel tüten die bäume ein
Aufkohlend aus einem haufen
Schwelender asche ... ja auch das

Hinter der waldhütte zappeln die
Unverwüstlichen wimpel der
Eintütungsepoche im gedächtnislosen
Wind

TURMSCHNECKEN

Unruhige wellen werfen leere turmschnecken-
Gehäuse hin und her als wollten sie den
Restlichen tod noch herausschütteln aus
Kunstvoll erstarrten zeitspiralen

Angefüllt mit einer leere die um die eigene
Achse tanzt ein rätsel das der kalk uns
Hinterlassen hat

So rätselhaft wie der gedankenregen der beim
Betreten der einsamkeit eines verlassenen
Alten wohnhauses uns entgegenschauert

MEERESLICHT

Das meer das licht meereslicht und lichtmeer
Mehr gibt ein tag nicht her über den sich
Alle himmel beugen wie eine mutter übers
Kind

Um das meer der fragen im keim zu ersticken
Weil eine einzige antwort vielleicht genügte
Alles in frage zu stellen während das Licht
Munter mit den wellen tanzt

POKERSPIEL

Es ist dieses pokerspiel zwischen licht das
Sämtliche schatten hintergeht und wasser das
Ihm zu kopf steigt wie auf einen leuchtturm
Um nach seinem erbeuteten land ausschau
Zu halten

An tagen aber an denen sie zusammenfinden
Und das licht sich auf den wellen zur ruhe
Legt herrscht eine stille die selbst die leisesten
Abendwinde nicht für möglich gehalten
Hätten

IN SOLCHEN NÄCHTEN

In solchen nächten steigen die wälder auf
Schneegipfel um dem friedfertigen mond
Näher zu sein

Steigt der mond in die schlafenden wälder
Hinab um die nachtigallen singen zu hören

Schweigen die nachtigallen weil der mond
Nicht am himmel steht und sie das blühen der
Mondwaldblumen hören möchten die nur
Einmal in einer solchen nacht ihre blüten
Entfalten

In solchen nächten sollte man gedichte
Schreiben über den mond in den wäldern die
Wälder auf den gipfeln und das schweigen
Der nachtigallen ohne rücksicht darauf was
Die sterne und der weltsicherheitsrat darüber
Verschweigen

In solchen nächten sagen die frauen
Ist alles möglich

HÄUSER

Haustüren die warnend an ihre bewohner
Klopfen häuser die vorzeitig in sich
Zusammen fallen oder sich gegenseitig
Anzünden damit neue gebaut werden können

Ganz abgesehen von der barbarei der heimat-
Gefühle die aufbrausen wenn man sein haus
Für immer verlassen muss wo wir doch nur in
Uns selbst wohnen

Warum überhaupt mauern errichten in
Einer bewohnbaren welt ...? - und was ist
Überhaupt mit dem hinterhältigen fenster-
Glas das uns einen ungetrübten durchblick
Vortäuscht und stubenfliegen in den
Wahnsinn treibt?

RINNSAL

Dieses rinnsal in einem austrocknenden
Flussbett dem die steine von vergangenen
Fluten erzählen und wie alles anfing aber
Vom ende auch nichts genaues wissen

Die sonne der feind des wassers hat ihnen
Verboten darüber zu reden auch darüber dass
Jeder sommer sich anders anfühlt obwohl
Immer die gleichen blumen blühen und
Vom winter der immer erst mal alles auf eis
Legt um zeit zu gewinnen

Zeit die in ihrem eigenen meer ertrinkt auf
Dem das rinnsal des lebens einst
Zu rudern begann

FLUSSSOMMER II

Das wehr bremst den hilflosen fluss aus
Auf ruhiggestelltem wasser treiben schwäne
Stolz wie junge mädchen mit geschwellter
Brust als hätten sie das bauwerk selbst nur
Für ihre zwecke errichtet

Unweit stehen angler wie totholz am ufer und
Lauern fischen auf denen es scheinbar egal ist
Ob der fluss strömt oder stillsteht während
Die frauen ihre petrijünger mit vollen
Picknikkörben und bier ködern - im auto
Kinder angeleint am internet

BLEIBENDE EINDRÜCKE

Wie elegant kommen die wellen daher
Überschlagen sich vor freude und übermut
Wie aufgelöst verschäumen sie im sand
Niemand hatte sie gewarnt
Wer ist dieser sand dass er ihnen das antut?

\#

Strandkrebse rasen seitwärts über den sand
Damit es nicht zu frontalzusammenstößen
Kommt - es funktioniert

\#

Die ständigen zungenküsse der muscheln mit
Dem feuchten schlick um schneller ans ziel
Zu kommen

\#

Eine zerstreute abendsonne die sich auf eine
Von ihr selbst frisch gestrichene wolkenbank
Setzt um mit ihr unter zu gehen

\#

Die erschöpft angespülte zahnbürste die es
Satt hat den wellen ständig das dreck aus
Den kämmen zu bürsten

Der tot angespülte fisch der verhungerte
Weil er zu ungeschickt war seine
Mahlzeiten neuerdings mit wattestäbchen
Zu sich nehmen zu müssen

#

Eitle einsiedlerkrebse die sich auf beach-
Partys treffen und prahlen mit prächtig
Verschnörkelten gehäusen die nicht einmal
Ihnen gehören

#

Ein (ohn)mächtiges meer das seine
Marschrichtung nach der pfeife eines feist
Lachenden vollmondes tanzen lässt und dabei
Den sandstränden das wasser abgräbt

#

Wasserfälle die in trockenzeiten zum
Duschen in den keller gehen und flüsse die
Ihre betten mit steinen auslegen um den regen
In einen hinterhalt zu locken

#

Ein platzregen der aus allen nähten platzt
Weil er zuviel von dem aufsteigenden
Tau der wälder genascht hat und tagelang
Nur in der sonne lag

#

Himmelhohe palmen denen der palm-
Sonntag an den prallen nüssen vorbei geht

#

Ein dicker schwarzer brummer der dem licht
Eine standpauke halten will ununterbrochen
Um die glühbirne rast und dabei gegen den
Lampenschirm knallt ...

Wegen dessen monopols auf die hinterhältige
Helligkeit der nicht bei zu kommen ist

... ja das alles geschieht auch noch auf den
Terrestrischen festplatten wo virtuelle
Wolken auch schon restlos überfüllt sind und
Es bald nur noch „apps" hageln wird

#

MILCHWOLKEN

Heute gibt es kaffee und kuchen
In den alten tassen lösen sich wie immer die
Milchwolken auch ohne umrühren auf

Alle sieben himmel wurden schon mehrfach
Umgerührt aber das schwarze kommt immer
Wieder zum vorschein - besonders nachts

UNWORT

Dieser sommer reißt der erde den arsch auf
In tiefen bodenrissen vertrocknet die dunkelheit

Am horizont krümmt sich das licht vor lachen
Während der regen in den tropen urlaub macht
Und strände ins meer spült

Das wort wasser wir zum unwort des jahres
Gekürt damit man wenigstens was in der hand
Hat wenn alle erinnerungen längst in einer
Strahlenden zukunft versickert sind

ZEITVERIRRUNGEN

Niemand weiß,
wer das Brot,
weiß, wer den Wein
erfand -

Die Namen der Herrscher,
der Feldherren, der Sieger,
der Schlachtenlenker
müssen die Kinder
auswendig lernen.

Ilona Bodden

Das leben eine einzige invasion von
Eindrücken die einen zum teil erdrücken
Wie eine armee russischer soldaten

#

Ein scheinheiliger krieg der unbeeindruckt
Von land zu land zieht

Gegner die entschlossen in seine brennenden
Augen schauen und hinter ihren rücken prall
Gefüllte geldbörsen von hand zu hand reichen

Ein überfordertes gedächtnis das sich an
Nichts mehr erinnern kann und auf der flucht
In eine bessere zukunft ist

#

Räder rollen wieder für den krieg
Das rad der geschichte hat den rückwärtsgang
Eingelegt die zukunft im rückspiegel

LEERE

Das neue haus woanders ist gebaut die
Träume bereits ausgewandert

Sie sind nur die vorhut und
Hinterlassen nicht nur leere nächte

Daheim werden bald kettenfahrzeuge durch
Leere räume rollen und die luft in brand
Setzen weil sie nichts anderes mehr vorfinden

Eine luft die das echo des donners trägt
Bis es verhallt aber sie wird sich rächen und
Ihnen irgendwann ausgehen –
Sie hat alle zeit der welt

IM HERZ DER WÄLDER

Tierspuren durchfädeln das dickicht doch
Keine nadel durchbohrt irgend ein herz

Gelbe schmetterlinge schlagen aufklärungs-
Drohnen in die flucht blindschleichen
Verschweigen einen kommenden krieg um
Die ausgetrockneten wasserfälle nicht
Unnötig zu verängstigen

Grenzen sind unsichtbar doch jeder kennt sie
Und jagt sich den stachel ins eigene fleisch
Wenn er sie überschreitet

Der frieden kämpft lautlos und legt regeln fest
Die nirgends geschrieben stehen nur
Eingeweihte finden sie unterm moos oder in
Streng bewachten termitenbauten

Ich gehe ins herz der wälder weil es nie leer
Wird für alle schlägt und schweigt …
Ich gehe

FALSCHMELDUNG

Fische gehen wieder an land protestieren
Gegen die vielen u-boote die über ihren
Wohngebieten kreisen

Fliegende fische laichen bomben ab um die
Meeresengen zu erobern aus strategischen
Gründen und die gefürchteten haie warten
Bereits ungeduldig auf ihren einsatz …

Oder handelt es sich hier wieder um eine
Dieser zahlreichen falschmeldungen?
Jedenfalls wurden vorsichtshalber die
Fischfangquoten drastisch erhöht und alle
Strände vermint

Gemunkelt wird auch dass über kurz oder
Lang das meer ein machtwort sprechen über
Die ufer treten und die stürme loslassen will
Um sich in die schar der großen vernichter
Einzureihen

Auch die sonne der dieses treiben schon lange
Ein dorn im auge ist soll ein wörtchen mit
Reden wollen …
Dies ist hoffentlich mal eine richtige
Falschmeldung

OFFENSIVE

Die abfolge der blüten im jahresverlauf
Strategie des lebens mit einem scheintod
Der in die ordnung der dinge passt

Sie hängen in der schlacht ihrer tage
Und ihrem traum wie strahlende sieger

Kein general der sich das hätte ausdenken
Können weil deren träume von der
Vernichtung handeln

Kanonen können düfte nicht zerfetzten und
Ihre grabsteine ruhen im duft des todes
Deshalb eilt das scheitern ihnen voraus

Auch wenn der kalender sagt dass
Gerade wieder frühling ist und
Zeit für eine neue offensive

WIR SAGENS

Was immer wir sagen wir
Sagen es nicht immer aber
Wenn wir es sagen leuchtet
Es aus dem geröll des gesagten
Das keiner mehr hören will

Deshalb sagen wir es auch
Immer wieder ohne den finger
Vom abzug zu nehmen und ohne die
Flinte gleich ins korn zu werfen

Bis alle gehört haben was keiner
Sich zu sagen mehr traut wir
Lassen uns den mund nicht verbieten
Auch wenn die ohren schon taub sind
Vom allgemeinen verlogenen säbelrasseln -

Das nur gehörte vergisst sich
Schnell und das geschriebene
Wird meist auch nicht verstanden

HINTERHER

Haben uns unsere väter nicht immer gewarnt
Vor einem allzu langen frieden
Und einem allzu langen krieg mit straffen
Uniformen auf allzu vielen vergilbten fotos?

Sie hätten ihn bestimmt kommen sehen den
Neuen krieg so wie sie ihre kriege kommen
Sahen einen todkranken frieden fahnen
Schwenkend durch grölende gassen geschleift

Hinterher
Haben uns unsere väter gewarnt und
Eingeschärft keinen fahnen mehr blind
Hinterher zu laufen auch nach einem
Allzu langen frieden

Es gibt immer ein hinterher wann aber wird
Aus ihm endlich mal ein vorher?

GESCHREI

Das geschrei der toten
Das wachs in den ohren der generäle
Damit sie nicht taub werden

Lebende zählen nicht in ihrer welt
Gezählt nur die eigenen toten für
Die falschmeldungen

Das wutgeschrei an offenen särgen
Totgeschwiegen für klanglose
Kriegshymnen und die brennenden

Silos fernab vom hungergeschrei am
Anderen ende der welt ohne hilfe ....
Dann noch die große hitze und die
Regierungen bekommen kalte füße

FREIHEIT

Die uhren sind stehen geblieben die zeiger
Auf 45 ein russischer bär im weißen fell des
Unschuldslamms will die zeit besiegen

Und die illusionen grenzenloser freiheit aus
Friedlich schlafenden menschen bomben
Aber töten kann er sie nicht

Auch die freiheit des menschen ist ein wunder
Aber das gibt es nicht umsonst und ein blut-
Getränktes gedächtnis wird niemals vergessen

GOOD MORNING

Die beos im käfig sind endlich eingeschlafen
Nach dem hundertsten „good morning"
Das meer ist gerade baden gegangen weil im
Dunkeln keiner den nackten strand sieht

Am horizont findet ein wettrennen der blitze
Statt das dem donner die sprache verschlägt

Wie die lautlosen handybilder vom krieg in
Der fernen heimat ohne sirenengeheul oder
Bombengedonner ...

Der rest spielt sich im kopf ab das wettrennen
Der raketen die nackte flucht der menschen
Ein meer das an land flüchtet wegen der
Vielen treibminen ...

Bis zum „good morning good morning"
Wenn die beos erwachen aus dem lautlosen
Echo der nacht in eine beklemmend neue stille

HERZLOS

Alte vorstadtbäume hilflos im rauch
Häuser die sie sommers geschmückt hatten in
Schutt und asche auf durchlöcherten straßen
Wohnen die toten

Die bäume stellen sich tot jeder winter ein
Kriegswinter unter zerfurchten rinden in die
Schon lange kein herz mehr geritzt wurde
Schläft ein wunder ein geheimnisvoller
Treibstoff der neues grün in den frühling jagt
Über das alle sich freuen

Neuerdings werden rote scheinherzen durch
Das netz um die welt getwittert
Zusammen mit einem herzlosen wortkrieg
Als vorbereitung ...

BESATZUNG

Ein heer aus schneeflocken überfällt in der
Nacht wie eine armee das schlafende land

Bedeckt es mit einem glitzernden leichentuch
In dem sich die sonnenstrahlen verheddern

Die blendungen sind perfekt aber die
Besatzung nur vorübergehend

HUMMELFLUG

Dieser april ist so kalt wie der heiße krieg
Die schockwellen eisiger ostluft behindern
Jegliches wachstum aber

Das grün gibt nicht auf seine überzahl
Lauert in allen ecken und wartet auf die
Schlagkraft des sonnenlichts das sich
Durchsetzen wird über kurz oder lang

Die erste *Bombus terrestris* ist bereits
Auf dem hummelflug in die freiheit
Folgend einem unumstößlichen gesetz
Das selbst die wildeste biene zähmt

Nichts kann sie aufhalten auch nicht die
Irrlichter aus einem verdunkelten osten
In dem früher immer die sonne aufging

„In jedem Krieg sind die lebenden
Unter der erde
Und die toten über ihnen"

Ernest Perochon

REIN PERSÖNLICH

WAS BIN ICH?

Ein zweibeiniges tier ohne krücken
Hoffentlich ein mensch
Ein geburtsschrei und todesfall
    ... irgendwann
Ein naturnaher biologe
Kein sesselfurzender beamter
Ein frei sein wollender
Ein einsilbiger wortsucher
Ein surrealistisches gedicht
Ein suchender findling
Ein sesshaft reisender
Ein ruhe suchendes nervenbündel
Ein luftgitarrenrocker
Ein schwebender moll-ton aus einem
    ungeflügelten flügel
Ein weiterer versuch der natur
Ein gescheitertes experiment?
Ein vorstadium zu etwas größerem?
Ein einzigartiges ich unter milliarden
    von ichen mit einer handynummer
Eine unverbindliche bankverbindung
Das loch in meiner brieftasche
Eine unauslöschliche Buddhanatur
Eine flatterhafte schmetterlingsseele
Eine gezähmte wildblume
Eine einsame südmeerinsel mit elefanten

Ein funke in der warmen asche der sterne
Der schwarze peter in mogelspiel der Götter
Ein ungläubig glaubender nihilist cer an den
    glanz in den augen frisch verliebter
    mädchen glaubt
Einer der gern wäre wie …
    das verrate ich nicht

Bloß kein spielverderber

VERSUCH

Die nacht scheut den schlaf
Du greifst nach deinem tablet um
Die hirnblase zu entleeren
Von dem was selbst für den traum
Unverdaulich ist

Schreibst es auf um am nächsten
Tag ein gedicht zusammen zu flicken
Das unlesbar ist …
Zumindest solltest du es versuchen

Trotz des lauten schnarchens
Deiner liebsten das wenigstens noch
Vertraulich klingt

VALENTINSTAG

An diesem tag schneid ich dir eine
Sandsteinrose aus meinem langsam
Verkalkenden gedächtnis

Stell sie bitte in eine vase mit frischem blut
Damit ihre farbe noch einmal so leuchtet wie
Deine lippen kurz vor unserem ersten kuss

DIE NARBE

Der tiefe schnitt ins junge fleisch
Der kieselrandige rohrstengel
Ein zurück gebliebener
Unveränderlicher narbenfleck

Ein blutleeres boot alles
Ignorierend auf dem empfindsamen
See warmer haut

Schweigt beharrlich von den
Schilfwiesengeheimnissen
Hat stimmlos die zeit besiegt ...-

Sie vergaßen damals
Die wunde zu klammern

AUSZEIT

Wenn ich die wahl hätte zwischen was
Auch immer ich würde die urwald-
Bäche wählen ihre

Moosüberzogene quellgeborgenheit das
Müd gescheuerte hirn baden in der
Meditation melodisch eintönigen geplätschers

Während buntbeschuppte flatterflügel mir
Um die ohren faltern wie stumme rassel-
Spielzeuge und hirnströme ausbremsen

Falls die wasserfälle nicht wieder irgendwo
Unterwegs sind um den rest einer
Austrocknenden welt retten zu wollen ...

MARMELADE

Ich ernte die zarten himbeeren aus
Dem dunklen garten deiner augen

Die reifen melonen aus deinen brüsten
Den süßen zucker aus deinem schoß

Lass uns marmelade kochen auf
Der glühenden herdplatte des sommers

DU HAST
Wilawan

Du hast mein zweifelndes gesicht zu einem
Boot gefaltet das jetzt auf dem tiefen see
Deiner liebe treibt

Du hast aus meinem sonnenschirm eine
Mondschale geformt aus der du meine
Sorgen trinkst

Du hast das eis meiner träume in die sonne
Gelegt und den glühenden boden meiner tage
In einen duftenden garten verwandelt du hast

Die wildesten berge aus meinem horizont
Gerissen und ihn mit stilleren meeresbuchten
Geflutet

Was habe ich bloß aus dir gemacht?

BLOS KEIN NACHWORT

Schließlich werden die eigenen wünsche so
Überschaubar wie die letzte seite eines buches

Du klappst es zu und der rote faden klammert
Sich noch einmal an dich
Er hat's nicht leicht wird oft verloren und
Wiedergefunden dabei ist es nur der faden
In dir der versucht das gedankenknäuel zu
Entwirren

Deshalb aber nicht mit dem wünschen
Aufhören und immer wieder diesen faden
Suchen der in der fantasie mitunter heller
Leuchtet als in den heillosen verknotungen
Außerhalb -
Die sterne können ein lied davon singen

BILDNACHWEISE

Abbildungen von
Wolfgang Wende, Berlin
info@wolfgangwende.de

Titelbild:
Halbzeit

Bilder auf den Seiten:

Weiteres Buch:

Schwerkraft und Weite

mit Texten von Berto Achenhub

und Kollagen von Juri Mann

Bod Norderstedt, Nov. 2021

Beide zu beziehen auch unter:

hubach_201152@gmx.de